kuchentratsch

PRÄSENTIERT

Es duftet nach Weihnachten

DIE OMAS UND OPAS VON KUCHENTRATSCH
VERRATEN IHRE LIEBLINGSREZEPTE

KATHARINA MAYER

Willkommen!

Man nehme ein althergebrachtes, erprobtes Rezept, mische es mit regionalen Zutaten sowie der einen oder anderen Geheimzutat und würze das Ganze mit einer ordentlichen Portion Erfahrung, Liebe und Herzlichkeit – fertig ist das Konzept von Kuchentratsch.

Wir sind ein Start-up aus München, dem es am Herzen liegt, der älteren Generation unserer Gesellschaft eine Anlaufstelle zu geben. Dreh- und Angelpunkt ist dabei das gemeinsame Backen von Kuchen. Aber dazu später mehr.

Schon 2015 haben wir ein tolles Backbuch mit spannenden Rezepten unserer Backomas herausgebracht. Dabei haben wir aber die schönste Jahreszeit im Jahr vergessen: Weihnachten.

Wer kennt nicht die schönen Momente, wenn man mit der Familie unter dem Weihnachtsbaum sitzt, selbst gemachte Plätzchen isst und leckeren Punsch trinkt!? Damit auch dieses Jahr Weihnachten eine tolle Zeit wird, statten wir dich mit dem perfekten Weihnachtszeitbegleiter aus.

Kuchen ess' ich
nicht alleine.
Den backe ich, um anderen
eine Freude zu machen.
Das macht mich glücklich.

Oma Heidi

Neben Plätzchen gibt es tolle Kuchen sowie Weihnachtsgetränke zum Nachmachen und Entdecken. Selbstverständlich dürfen weihnachtliche Bastelideen und der eine oder andere Backtipp nicht fehlen. Geh mit uns auf Entdeckungsreise durch ein vielfältiges und echtes Buch mit Geschichte. Sicher ist so manche Inspiration für dich dabei.

Wir wünschen viel Spaß beim Durchblättern, Erinnern an früher, Schmunzeln und natürlich beim Nachbacken und Probieren.

Eure Katharina

♥

Inhalt

Unsere Geschichte 10
Unser Team 12
Unsere Omas und Opas 14
Das sagen die Omas und Opas 16
Tipps & Tricks 18
Bastelideen 20
Tischdeko 22

Oma Regina
Saftiger Quarkstollen 28
Eierlikörgugelhupf mit Lebkuchen 30
leckere Lebkuchen 32

Oma Irmgard
Früchtebrot mit getrockneten Früchten 40
Süffige Weihnachtsbowle 42
Klassisches Berliner Brot 44
Warmer Schelmenwein 46

Oma Renate
Weihnachtststern mit Datteln 52
Englischer weihnachts"pudding" 54
Adventlicher Honigkuchen 56

Opa Norbert
Weihnachtlicher Zupfkuchen 62
Glühwein-/Punsch-Kuchen 64
Marzipan-Mohn-Stollen 66

Oma Anna

Festliche Weihnachtstorte 74
Klassische Spitzbuben 76
Weihnachtliche Zimtsterne 78

Oma Magdalene

Ingwerplätzchen mit Schokolade 84
Verlockende Marillenringe 86
Saftige Ananas-Haselnuss-Makronen 88
Aromatischer Apfel-Ingwer-Kuchen 90

Oma Inge

Traditionelle Vanillekipferl 96
Wähekuchen mit Pflaumen und Äpfeln 98
Kirsch-Mandel-Markonen 100

Oma Josefine

Zartknusprige Kokosrauten 106
Fruchtige Orangenschnitten 108
Gewürzherzen mit Schokolade 110

Oma Margit

Luftige Kokosmakronen 116
Spitzbuben aus Linzerteig 118
Schnelle Orangenstangen 120

Wie dieses Buch entstanden ist 126
Keine Lust, selber zu backen? 128
Unterwegs mit den Omas 130
Register 132
Danke 134
Impressum 135

kuchentratsch

„Ich komme jede Woche gerne, da sind einfach so tolle Menschen zusammen, mitterlweile echte Freunde. Und es hat mich auch durch schlechte Zeiten gebracht, so eine Gemeinschaft zu haben und einen Ort, wo ich mich ablenken kann und der mir gut tut. Dafür bin ich sehr dankbar.

Unsere Geschichte

Warum ist es so schwierig, richtig guten Kuchen zu kaufen? Wenn man Glück hat, hat man seinen persönlichen Geheimtipp – das kleine, nette Café mit hausgemachten Kuchen. Aber sonst fehlt von gutem Kuchen weit und breit jede Spur. Und mal ganz ehrlich: Den besten Kuchen gibt es doch eigentlich nur bei Oma.

Aus dieser Feststellung entstand 2014 die Idee zu Kuchentratsch – leckere und mit Liebe gebackene Kuchen von Oma. Eine Anlaufstelle für RentnerInnen mit Leidenschaft fürs Kuchenbacken und glückliche Kuchenliebhaber, die endlich richtig guten Kuchen kaufen können.

Mit der Idee im Gepäck überzeugte Katharina Katrin, den Schritt ins Unbekannte zu wagen. Raus aus dem Studium, rein ins eigene Unternehmen. Unbefangen, naiv und voller Motivation, die Welt ein wenig besser machen zu wollen, beschäftigten wir uns mit Businessmodellen, Rechtsformen, Zielgruppen und der Zulassung. Und dann, dann kam der erste Auftrag. Große Aufregung, viel Chaos und fehlende Infrastruktur. Wir haben es trotzdem gemeistert.

Juhu – Eintragung in die Handwerksrolle geschafft!

Unser erster Auftrag

Schlüsselübergabe für unsere Backstube

Umbau unserer Backstube

Die täglichen kleinen und großen Herausforderungen ließen uns nicht mehr los. Kuchentratsch fing an sich zu entwickeln und wurde von Woche zu Woche professioneller. Mittlerweile war aus einer Kuchenbäckerin, Katharinas Oma, eine Gruppe von fünf netten Damen – Heidi, Resi, Erika, Anke und Astrid – entstanden. Trotz vieler Bedenken bei unseren Familien und Freunden verkauften sich die Kuchen. Nach einem Jahr kam dann der Punkt, an dem wir uns fragten: Machen wir das jetzt so richtig, Vollzeit? Werkstudentenjob kündigen?

Mit den Omas in Berlin

Wir sagten JA – mit die beste Entscheidung in unserem Leben. Wir fanden nach langer Suche eine passende Immobilie, wurden durch den Umbau zu Handwerkern und statteten die Backstube mittels einer erfolgreichen Crowdfunding-Kampagne aus. Mit viel Herz und Schweiß hatten wir endlich unsere Anlaufstelle, eine Bäckerei. In den letzten zwei Jahren haben wir nicht nur viel auf die Beine gestellt und möglich gemacht, sondern sind auch über uns selbst hinausgewachsen, haben tiefe Täler überwunden und alle Gipfel ordentlich gefeiert. Zu sehen, was das eigene Tun für eine positive Auswirkung auf das Leben anderer Menschen hat, ist eine Riesenbereicherung und Freude. Mittlerweile beschäftigt Kuchentratsch über 30 RentnerInnen auf Minijobbasis und fünf Vollzeitmitarbeiter im Büro.

Unser Wunsch: Eine gesellschaftliche Herausforderung mit einem wirtschaftlichen Modell zu lösen, scheint möglich. Wir wollen Vorbild sein für andere Ideen und zeigen, dass Altsein richtig viel Spaß machen kann.

Erster Filmdreh in der Backstube

Erste Auslieferungsversuche

Ahoi, Hamburg

Erste-Hilfe-Kurs für unsere Omas

Unser Team

Katharina

Katharina, Gründerin von Kuchentratsch, verantwortet die strategische Ausrichtung, stößt Projekte an und schaut, dass es allen im Team gut geht. An Kuchentratsch gefällt ihr vor allem, dass sich Business und soziale Wirkung nicht ausschließen.

Anna

Anna entwickelt im Vetriebsteam unsere Vertriebsstrategie und kümmert sich besonders um unsere Hochzeitspaare und Firmenkunden. Bei Kuchentratsch gefällt ihr vor allem die enge Zusammenarbeit zwischen Jung und Alt und dass jeder Tag neue und spannende Herausforderungen mit sich bringt.

Theresa M.

Theresa M. ist im Vertriebsteam vor allem für unsere Café- und Privatkunden zuständig. Außerdem kümmert sie sich um den deutschlandweiten Kuchenversand. An Kuchentratsch gefällt ihr am besten die sinnstiftende Arbeit mit lieben Menschen, die nachhaltige Philosophie und natürlich der leckere Kuchen.

Maxi

Maxi ist die Betriebsleiterin bei Kuchentratsch und kümmert sich um alles rund ums Backen und die Omas und Opas. Bei Kuchentratsch gefällt ihr vor allem, dass sie eine sinnvolle Tätigkeit mit ihrer Leidenschaft für selbst gemachten Kuchen bei der täglichen Arbeit kombinieren kann.

Theresa O.

Theresa O. ist für die Kommunikation zuständig und kümmert sich um Fotos, Flyer, Design der Kuchenkartons, Social Media, den Podcast und die Presse. Bei Kuchentratsch gefällt ihr am besten, bei einer Sache mitzuwirken, bei der alle – Jung und Alt – mit ganzem Herzen dabei sind. Und natürlich, dass das Resultat davon so lecker schmeckt.

Ines

Ines unterstützt das Kuchentratschteam beim Organisieren, kümmert sich um das Marketing und ist für den Newsletter und den Blog zuständig. Bei Kuchentratsch gefällt ihr, dass die Arbeit Sinn (Social Entrepreneurship) und ihre Leidenschaft (Essen) verbindet.

Katja

Für Katja ist Kuchentratsch eine Herzensangelegenheit, für die sie sogar neben ihrem Hauptjob arbeitet. Sie ist für die Bereiche SEO, Content-Marketing, Websitenbetreuung und Datenanalyse zuständig. Ihr gefällt es, sich für eine gute Sache einzusetzen.

Julia

Julia ist unsere Produktionsmanagerin und für den Verpackungsprozess zuständig. Wenn alles Material in der Backstube steht und die Kuchen mit Liebe verpackt werden liegt das an Julia. Bei Kuchentratsch gefallen ihr insbesondere das herzliche Miteinander, die sehr abwechslungsreichen Aufgaben und natürlich das Endprodukt: der leckere Omakuchen.

Christian

Christian ist für die Buchhaltung zuständig und behält unsere Finanzen im Blick. Nach 10 Jahren in der Modebranche war er auf der Suche einer sinnstiftenden Arbeit. Als leidenschaftlicher Koch und Bäcker fand er in Kuchentratsch die perfekte Kombination aus gesellschaftlichem Mehrwert und köstlichem Kuchen.

Unsere Omas und Opas

Oma Jutta

Oma Monika R.

Oma Bärbel

Oma Angelika

Oma Magdalene

Oma Renate

Oma Margit

Oma Regina

Oma Anna

Oma Irmgard

Oma Josefine

Oma Eva-Maria

Oma Traudl

Oma Inge

Oma Anke

Oma Anni

Opa Norbert

Oma Maria-Anna

Opa Günter

Oma Milena

Oma Kate

Oma Marion

Oma Rosemarie

Oma Hanni

Opa Otto

Oma Sonya

Oma Monika D.

Oma Heidi

Qualitätsfee Helga

Backfee Paula

Oma Irene

Oma Sabine

Spülmeister Thomas

Backfee Nela

Lieferopa Peter

Lieferopa Hans

Lieferopa Richard

Putzfee Karolina

Das sagen die Omas

„Man fühlt sich zu was nütze."

„Mein Leben ist verändert. Ich habe jetzt einfach eine Bestätigung. Und lerne auch noch ein bisschen was dazu. Und lerne andere Leute kennen."

„Das ist eigentlich das Beste an der Sache, dass man voneinander lernt. Und wir sind ja alle – wir haben ein gelebtes Leben hinter uns. Und das ist einfach sehr bereichernd."

„Ich bin seitdem ein ganz anderer Mensch!"

„Man sieht, was man gemacht hat."

„Ich geh da gerne zum Arbeiten hin. Es macht mir Spaß und es ist eine Aufgabe."

„Ja, also ich fühle mich gemocht. Und gebraucht. Und ich finde, das machen die jungen Leute da ganz schön. Und einfühlsam. Also dass man… Ja, ich fühle mich einfach wohl mit denen zusammen."

Tipps & Tricks

Zitronenguss anrühren

Eine halbe Zitrone auspressen.
200g Puderzucker sieben und mit so viel Zitronensaft glatt rühren, bis eine dickflüssige Masse entsteht.

Schokoglasur herstellen

Fertige Schokodrops oder gehackte Schokolade in eine Schüssel (am besten aus Aluminium) geben. Wasser in einen Topf füllen, der etwas größer als die Schüssel ist, Schüssel daraufsetzen. Langsam auf dem Herd erhitzen – jedoch sollte die Schokolade nicht mehr als 40°C erreichen. Unter Rühren die Schokolade schmelzen lassen.

Eine Kuchenform einfetten

Ein kleines Stück Butter auf dem Herd bei niedriger Temperatur schmelzen lassen. Mit einem Pinsel die Kuchenform innen mit der flüssigen Butter bestreichen. Anschließend etwas Semmelbrösel in die Form streuen, die Form damit ausschwenken und die übrigen Brösel herausfallen lassen.

Marmelade verarbeiten

Damit die Marmelade schön streichfähig wird, sollte sie erhitzt werden. Dazu das Marmeladenglas öffnen, in einen Topf stellen und diesen mit so viel Wasser füllen, dass das Glas etwa zu 2/3 im Wasser steht. Den Topf bei geringer Hitze auf dem Herd erwärmen. Dabei immer wieder die Marmelade umrühren.

Bastelideen

In die fertigen Sterne kommen goldene und silberne Nieten

Die Origami-Sterne faltet man so

Die ganze Anleitung findest du nochmal auf kuchentratsch.com

Unsere Anhänger haben wir mit einem Kinderstempelset bedruckt

Kartoffeldruck

Für den Kartoffeldruck eine große Kartoffel längs durchschneiden. Auf die Schnittfläche mit einem Filzstift weihnachtliche Formen zeichnen und mit einem Messer ausschneiden. Dabei zuerst die Linien nachfahren und anschließend seitlich rundherum die Form freilegen. Mit Acrylfarbe oder Deckweiß bepinseln und auf möglichst raues Papier stempeln.

Adventskalender aus Papiertüten

Mit einem schwarzen Filzstift auf Mini-Tortenspitzen (unsere haben einen Durchmesser von 10 cm) die Zahlen von 1 bis 24 schreiben. Dabei zwischen Ziffern und ausgeschriebenen Zahlen abwechseln. Die Mini-Tortenspitzen auf Papiertüten kleben, mit Kartoffeldruck verzieren und an eine schöne Schnur hängen.

Ho
Ho
Ho

Tisch-
deko
EUKALYPTUS (KANN MAN AUCH SUPER TROCKNEN)
GROBES SACKLEINEN-BAND
KIEFERNZWEIGE
BIRKENSCHEIBE
SILBERBESTECK VON OMA
WEISSE CHRISTBAUMKERZEN
SILBERNE CHRISTBAUMKERZENHALTER
SELBST GESTEMPELTE KÄRTCHEN (SIEHE SEITE 20)
Ho Ho Ho
VIELE WEISSE STUMPENKERZEN
WEISSE LEINENSERVIETTEN

HO HO HO

Oma Regina

Saftiger Quarkstollen

Eierlikörgugelhupf mit Lebkuchen

Leckere Lebkuchen

69 Jahre alt

Das Puppenhaus im Hintergrund hat Oma Regina zu Weihnachten geschenkt bekommen.

Oma Regina kommt gerne zu Kuchentratsch, weil sie hier sehr nette Leute trifft, mit denen das Backen gleich doppelt so viel Spaß macht. Für sie ist Kuchentratsch „eine gute Sache", auf die sie sich jeden Montag freut. Ihr Lieblingskuchen ist ein schlesischer Streuselkuchen nach dem Rezept ihrer Mutter, da diese so leckere Streusel machen konnte.

Saftiger Quarkstollen

- VON OMA REGINA -

180 GRAD | 1 STD. | 20 STÜCKE

250g Mehl
10g BACKPULVER
100g ZUCKER
½ Pck. VANILLINZUCKER
½ abgeriebene ZITRONENSCHALE
1 EI
2 Essl. RUM
100g BUTTER
125g QUARK (abgetropft)
125 abgezogene, gemahlene MANDELN
200g ROSINEN o. SULTANINEN
100g ORANGEAT (klein geschnitten)
75g ZITRONAT (klein geschnitten)
1 Msp. NELKEN gem. KARDAMOM
1 Msp. MUSKAT gem. u. ZIMT
1 Prise SALZ

1. Mehl mit Backpulver vermischen und durch ein feines Sieb sieben. Zucker, Ei und Gewürze dazugeben, leicht verrühren.

2. Kalte Butter in kleine Stückchen schneiden. Quark, Rosinen, Mandeln, Zitronat und Orangeat hinzugeben. Beide Massen mit den Händen rasch zu einem glatten Teig kneten.

3. Stollen formen. Dafür einen Fladen formen, in der Mitte mit einem Kochlöffel eindrücken und an der Kante hochklappen.

4. Stollen auf ein mit Backpapier ausgelegtes Backblech legen und bei 180°C mit Ober-/Unterhitze ca. 1 Stunde backen (kleinere Stollen bei 160°C ca. 45 Min.).

5. Den Stollen noch heiß mit reichlich zerlassener Butter bestreichen und mit Puderzucker bestreuen.

Tipp: Nach dem Backen reichlich mit zerlassener Butter bestreichen und dick mit Puderzucker bestäuben.

Eierlikörgugelhupf mit Lebkuchen

- VON OMA REGINA -

175 GRAD | 40 MIN. | 12 STÜCKE

150g LEBKUCHEN
250g BUTTER
250g ZUCKER
1 Päckchen VANILLINZUCKER
4 EIER (Gew.-Kl. 3)
250g MEHL
1 Päckchen BACKPULVER
1/4 Liter EIERLIKÖR
FETT und PANIERMEHL f.d. Form
6–7 Essl. ORANGENSAFT
125 g PUDERZUCKER
1 Essl. gehackte PISTAZIEN

1. Lebkuchen zerbröseln. Fett, Zucker und Vanillinzucker schaumig rühren.
2. Eier nach und nach unterrühren. Mehl und Backpulver mischen und unter die Masse geben. Eierlikör und Lebkuchen unterheben.
3. In eine gefettete, mit Paniermehl ausgestreute Napf-/Gugelhupfkuchenform (3 l) füllen.
4. Bei 175°C mit Umluft ca. 1 Stunde backen.
5. Kuchen leicht auskühlen lassen, stürzen und anschließend mit einem Holzstäbchen mehrmals einstechen. 4–5 EL Orangensaft über den Kuchen träufeln.
6. Restlichen Saft und Puderzucker verrühren. Kuchen damit überziehen. Mit Pistazien bestreuen.

Tipp: Form gut einfetten und unbedingt mit Paniermehl ausstreuen.

Leckere Lebkuchen

- VON OMA REGINA -

180 GRAD | 45 MIN. | 40 STÜCKE

4 EIER (Größe M)
180 g PUDERZUCKER
je 1 Messerspitze gem. NELKEN und MUSKATBLÜTE
1 gestr. Essl. ZIMT
1 Prise SALZ
abgeriebene Schale 1 ZITRONE
200 g gem. ungeschälte MANDELN
200 g gem. HASELNÜSSE
200 g klein geschnittene ZITRONAT
100 g klein geschnittener ORANGEAT
BACKOBLATEN 5 cm o. 7 cm Durchmesser
zum Bestreichen:
SCHOKOGLASUR oder
PUDERZUCKERGUSS

1. Eier mit Salz und Puderzucker sehr schaumig rühren.

2. Zimt, Nelken und Muskatblüte dazugeben. Ebenfalls die Zitronenschale. Zum Schluss Mandeln, Haselnüsse, Orangeat und Zitronat zur Eiermasse geben und gut unterrühren.

3. Die Masse auf Backoblaten (Gr. 4 oder 5) streichen. Nicht zu wenig Masse verwenden, damit sie nicht zu flach wird. Am Rand etwas schräg abstreifen.

4. Bei 200°C mit Ober-/Unterhitze ca. 18–25 Min. goldbraun backen.

5. Abgekühlt mit Schokoglasur oder Puderzuckerglasur bestreichen und je nach Wunsch mit einer ganzen Mandel verzieren.

Tipp: Lebkuchen in gut verschlossener Keksdose aufbewahren.

BOSCH

„Und dann eben diese Gemeinschaft mit den anderen, sich unterhalten, lustig sein, Scherze machen, oder sich auch mal über Politik unterhalten. Man kann sich austauschen und neue Freundschaften haben sich entwickelt.

Oma Irmgard

Früchtebrot
mit getrockneten
Früchten

Süffige
Weihnachtsbowle

Klassisches
Berliner Brot

Warmer
Schelmenwein

Die zweijährige Irmgard
beim Spielen im Schnee.

Oma Irmgard genießt es, auch im Alter noch etwas leisten zu können – und das mit Gleichgesinnten in freundschaftlicher Atmosphäre. Ihr persönlicher Lieblingskuchen ist eine Sauerkirschtorte mit Nussbaiser. In ihrer Freizeit singt sie im Chor, reist gerne und ist eine Theater- und Konzertliebhaberin. Ihre Lieblingsoper ist „Carmen", die sie sogar schon selbst gesungen hat.

Früchtebrot mit getrockneten Früchten

- VON OMA IRMGARD -

175 GRAD | 1 STD. | 20 STÜCKE

250 g WEIZENMEHL
125 g ROGGENMEHL
40 g HEFE
1/8 l lauwarme MILCH
40 g ZUCKER
100 g BUTTER
1 Prise SALZ
1 EI
125 g getrocknete BIRNEN
125 g getrocknete APRIKOSEN
50 g kandierter INGWER
100 g ganze ungeschälte MANDELN
100 g HASELNUSSKERNE
100 g WALNUSSKERNE
50 g SULTANINEN
50 g ZITRONAT (gewürfelt)
1 TL ZITRONENABRIEB
1 TL ORANGENABRIEB
1 Msp. gemahlene NELKEN
1/8 l RUM

1. Weizen- sowie Roggenmehl in einer Schüssel mischen und in die Mitte eine Mulde drücken. Hefe hineinbröseln, lauwarme Milch darübergießen und auf dem Mehlrand Zucker, Butter, eine Prise Salz und ein Ei verteilen.

2. Von der Mitte her alle Zutaten zu einem Teig verkneten und schlagen, bis er sich vom Schüsselrand löst. Zugedeckt mit einem Geschirrtuch 15 Min. lang an einem warmen Platz gehen lassen.

3. Getrocknete Birnen, getrocknete Aprikosen und kandierten Ingwer in kleine Würfel schneiden. Ganze ungeschälte Mandeln, Haselnusskerne, Walnusskerne, Sultaninen, Korinthen, gewürfeltes Zitronat, je einen Teelöffel abgeriebene Zitronen- und Orangenschale und eine Messerspitze gemahlene Nelken zu den Trockenfrüchten geben und alles mit 1/8 l Rum mischen.

4. Die Früchte unter den gegangenen Teig kneten und diesen in eine gut eingefettete Kastenform füllen. Nochmals ca. 30 Min. gehen lassen.

5. Zuletzt im vorgeheizten Backofen bei 175 °C mindestens 1 Stunde backen.

6. Wenn das Früchtebrot ausgekühlt ist, in Folie wickeln, dann ist es längere Zeit haltbar. Zum Essen gerne mit Butter und/oder Marmelade bestreichen.

Ho
Ho
Ho

Süffige Weihnachtsbowle

- VON OMA IRMGARD -

20 MIN. | 14-16 GLÄSER

1 NATURORANGE
12 Stück WÜRFELZUCKER
2 l leichter ROTWEIN
1 ZIMTSTANGE
1 Prise MUSKATNUSS
1 Glas SAUERKIRSCHEN (460 g)
60 ml KIRSCHLIKÖR

1. Eine unbehandelte Orange heiß waschen, dann 12 Stück Würfelzucker an der Schale abreiben.

2. Würfelzucker, Rotwein, Zimtstange und eine Prise Muskatnuss erhitzen, bis sich weißer Schaum bildet. Anschließend abkühlen lassen.

3. 1 Glas Sauerkirschen mit Saft und 3 Glas (je 2 cl) Kirschlikör dazugeben und mindestens zwei Stunden zugedeckt kalt stellen.

4. Umgefüllt in eine schöne Wasserkaraffe, kann die Bowle noch mit weiteren Zimtstangen, frischen Orangenscheiben und Sternanis weihnachtlich verziert werden.

Klassisches Berliner Brot

- VON OMA IRMGARD -

200-220 GRAD | 45 MIN. | 50 STÜCKE

3 EIER
3 EL warmes WASSER
375 g brauner ZUCKER
100 g ZUCKERRÜBENSIRUP
1-2 EL RUM oder 1 Fl. RUM-AROMA
¼ TL gemahlene NELKEN
1 gut gehäufter EL ZIMT
100 g SCHOKOLADE (geschmolzen)
375 g MEHL
1 gehäufter TL BACKPULVER
200 g ganze ungeschälte MANDELN
50 g ZITRONAT (gewürfelt)
150 g PUDERZUCKER
2-3 EL heißes WASSER

1. Die Schokolade im Wasserbad schmelzen und leicht abkühlen lassen. Eier mit 3 EL warmem Wasser schaumig schlagen.

2. Esslöffelweise den braunen Zucker dazugeben und weiterschlagen, bis die Masse cremig ist. Nach und nach Zuckerrübensirup, Rum-Aroma, gemahlene Nelken, Zimt, erwärmte Schokolade und Mehl, mit Backpulver vermischt, unterrühren.

3. Zum Schluss die ganzen Mandeln und die Zitronatwürfel dazugeben und die Masse auf ein gefettetes Backblech streichen.

4. In einem auf 200–220°C vorgeheizten Backofen auf die mittlere Schiene schieben und 15–20 Min. backen.

5. Aus Puderzucker und heißem Wasser einen Zuckerguss machen und damit vorsichtig das noch heiße Gebäck bestreichen.

6. In kleine Rechtecke schneiden und abgekühlt in einem verschlossenen Behälter aufbewahren.

Warmer Schelmenwein

- VON OMA IRMGARD -

20 MIN. 6-8 GLÄSER

1 NATURZITRONE
150 g ZUCKER
1/2 l WASSER
1/2 l ROTWEIN
1 VANILLESCHOTE
1/8 l RUM (40 Vol.-%) oder WEINBRAND

1. Eine Zitrone heiß waschen, trocken reiben und in Scheiben schneiden. Die Scheiben nochmals halbieren und die Kerne entfernen.

2. Zitronenscheiben in ein feuerfestes Gefäß legen und mit 150 g Zucker bestreuen. Mit einem halben Liter Wasser begießen und rühren, bis sich der Zucker gelöst hat.

3. Einen halben Liter Rotwein und eine längs halbierte Vanilleschote hinzugeben und alles erhitzen, aber nicht kochen.

4. 1/8 l Rum (40 Vol.-%) oder Weinbrand in einer Suppenkelle erwärmen. Anschließend entzünden und brennend vorsichtig auf den Wein gießen.

Oma Renate

Weihnachtsstern mit Datteln

Englischer Weihnachts"pudding"

Adventlicher Honigkuchen

72 Jahre alt

Oma Renate mit ihrem älteren Bruder und den beiden jüngeren Zwillingen im elterlichen Wohnzimmer in Traunstein

Oma Renate genießt es, bei Kuchentratsch mit anderen SeniorInnen in einer wunderbaren Atmosphäre ihrem Hobby nachzugehen – dem Kuchenbacken.
Sie freut sich immer schon auf den nächsten Backtag - für sie ist Kuchentratsch eine der besten Entscheidungen, die sie getroffen hat. Wenn sie nicht bei uns in der Backstube ist, findet man sie in den Bergen beim Wandern oder beim Fahrradfahren.

Weihnachtsstern mit Datteln

- VON OMA RENATE -

180 GRAD | 30 MIN. | 7 STÜCKE

200 g	DATTELN ohne Stein
2 EL	RUM
1 TL	MEHL
100 g	ZWIEBACK
100 g	BUTTER
80 g	ZUCKER
1/2 TL	abgeriebene ORANGENSCHALE
6	EIGELB
200 g	gemahlene MANDELN
1/2 TL	ZIMT
11/2 TL	BACKPULVER
100 g	geraspelte SCHOKOLADE
etwas	KOKOSFETT
3 EL	ORANGENSAFT
2 EL	RUM oder ORANGENLIKÖR

1. Datteln klein schneiden und mit 2 EL Rum tränken. Einen TL Mehl dazugeben und vermischen.

2. Zwieback zerbröseln – am besten in einem Gefrierbeutel – und mit einem Nudelholz zerkleinern.

3. Eier trennen, Eiweiß aufschlagen und zur Seite stellen.

4. Butter schaumig schlagen, mit Zucker, Eigelb und Orangenschale cremig aufschlagen.

5. Mandeln, Backpulver, Zimt, geraspelte Schokolade und Zwieback mischen und unter die aufgeschlagene Masse rühren. Geschlagenes Eiweiß anschließend unterheben.

6. Backform, am schönsten ist eine Sternform, einfetten und bemehlen. Teig einfüllen und bei 170°C ca. 45 Min. bei Ober-/Unterhitze backen.

7. Nach dem Auskühlen den Kuchen aus der Form stürzen und Löcher in den Teig stechen. Orangensaft mit dem Alkohol mischen und den Kuchen damit tränken.

8. Geraspelte Schokolade und etwas Kokosfett im Wasserbad erhitzen und den Kuchen damit einpinseln.

Oh
du
Fröhliche

Englischer Weihnachts"pudding"

- VON OMA RENATE -

170 GRAD | 30 MIN. | 8 STÜCKE

80 g SULTANINEN
80 g KORINTHEN
50 g TROCKENPFLAUMEN
2 EL RUM
1 kl. APFEL
25 g ZITRONAT
25 g ORANGEAT
30 g BUTTERSCHMALZ
25 g brauner ZUCKER
1 Msp. NELKENPULVER
1/4 TL ZIMT
1 Msp. MUSKAT
15 g PANIERMEHL
60 g MEHL
40 g gem. HASELNÜSSE
1 gr. EI

Man kann auch Muffinförmchen befüllen. Mit Alufolie abdecken. Garzeit ca. 50 Min.

1. Sultaninen und Korinthen vermischen und mit heißem Wasser abschrecken.
2. Pflaumen klein schneiden und mit dem Rum vermischen.
3. Apfel schälen und grob raspeln. Den geraspelten Apfel mit Zitronat, Orangeat und den Trockenfrüchten mischen.
4. Butterschmalz leicht erwärmen, mit dem Zucker, Gewürzen und dem Ei aufschlagen. Mehl, Nüsse und Paniermehl dazugeben, anschließend die Trockenfrüchte untermischen.
5. Die Puddingform(en) einfetten und mit Paniermehl bestreuen. Als Nächstes den Teig einfüllen.
6. Passenden (ofenfesten) Topf mit kochendem Wasser halb befüllen und die Puddingform(en) hineinstellen. Den Topf in den Ofen auf ein Gitter stellen und bei 170°C ca. 3 Std. garen lassen.
7. Erkalten lassen, aus der Form stürzen und je nach Bedarf mit Puderzucker bestäuben. Dazu passt auch super Vanillesoße mit getrockneten Cranberries..

Adventlicher Honigkuchen

- VON OMA RENATE -

180 GRAD | 30 MIN. | 8 STÜCKE

250 g	HONIG
1 Pck.	VANILLEZUCKER
150 g	BUTTER
125 g	ROSINEN
2 EL	RUM
375 g	MEHL
2 EL	KAKAO
4 TL	BACKPULVER
2 TL	ZIMT
100 g	gehackte MANDELN
2 Trpf.	BITTERMANDELÖL
1 Msp.	NELKENPULVER
1 Msp.	KARDAMOM
2	EIER
3 EL	APRIKOSEN-MARMELADE

1. Den Honig mit Vanillezucker und Butter im Wasserbad langsam erwärmen. Gut vermischen und anschließend etwas abkühlen lassen.

2. Die Rosinen mit heißem Wasser abschrecken und anschließend in eine kleine Schüssel geben. Mit dem Rum mischen und stehen lassen.

3. Eier aufschlagen. Mehl, Kakao, Backpulver, Zimt, gehackte Mandeln, Bittermandelöl, Nelken und Kardamom in einer Schüssel vermischen und die Eier darunterrühren. Zum Schluss die Honigmasse und die Rumrosinen hinzugeben.

4. Eine Gugelhupf- oder Kranzform fetten und bemehlen. Den Teig einfüllen und bei 180°C Ober-/Unterhitze für ca. 40 Min. backen.

5. Nach dem Erkalten den Kuchen aus der Form stürzen. Aprikosenmarmelade erwärmen und durch ein Sieb streichen. Den Kuchen damit bestreichen.

6. Je nach Wunsch mit einem dickflüssigen Zitronenguss, Rosinen und ganzen Mandeln verzieren.

Oh
du
Fröhliche

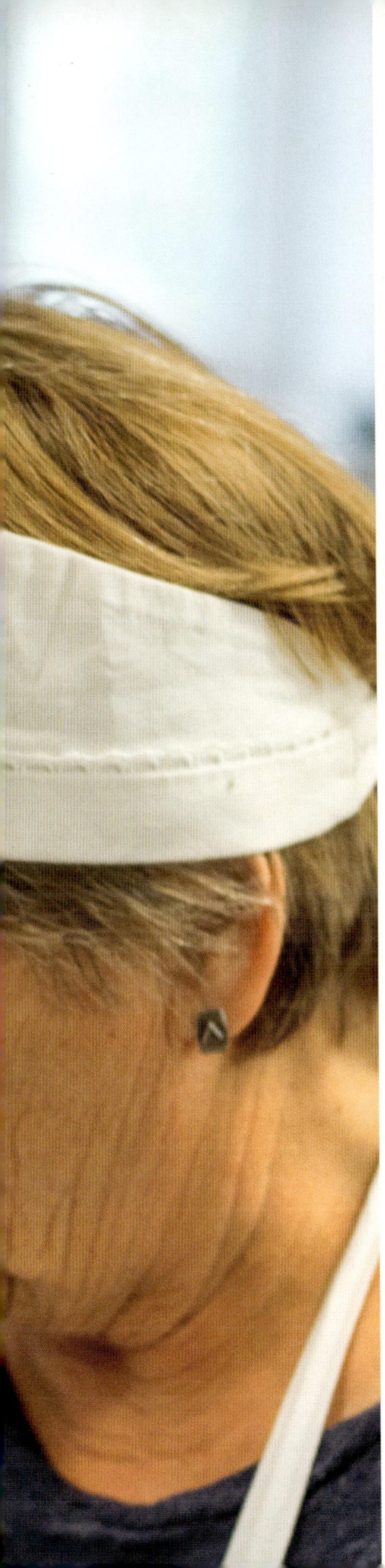

Opa Norbert

Weihnachtlicher Zupfkuchen

Glühwein-/ Punsch-Kuchen

Marzipan-Mohn-Stollen

74 Jahre alt

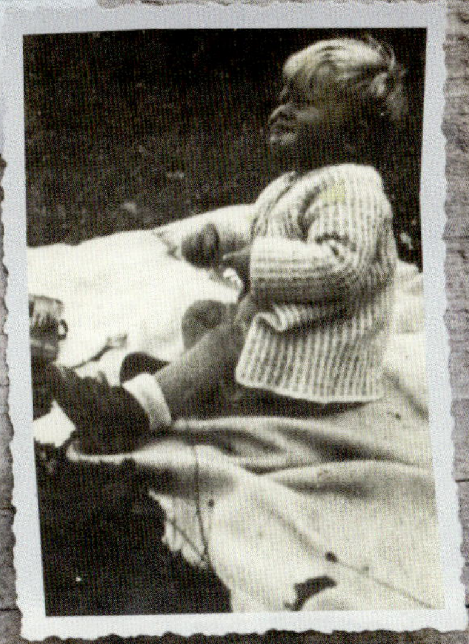

Opa Norbert in seiner gestrickten Lederhose. Mit einem halben Jahr ist er mit seiner Familie aus Königsberg nach Bayern geflohen.

Opa Norbert war der erste Mann in unserem Team, doch inzwischen ist er nicht mehr der Einzige. Am liebsten backt er einen „Faule-Weiber-Kuchen". In seiner Freizeit liebt er es, im Sommer zu radeln, und im Winter mit seinen Enkeln Ski zu fahren und natürlich Zeit mit seiner Familie zu verbringen.

Weihnachtlicher Zupfkuchen

- VON OPA NORBERT -

200 GRAD | 45 MIN. | 12 STÜCKE

250 g MEHL
125 g BUTTER
125 g ZUCKER
25 g KAKAO
1 EI
1/2 Pck. BACKPULVER

125 g BUTTER
125 g ZUCKER
750 g MAGERQUARK
3 EIER (getrennt)
1 EL ZITRONENSAFT
1 Pck. VANILLEZUCKER
1/2 Pck. VANILLEPUDDING

1. Die Teigzutaten in eine Schüssel geben und am besten mit den Händen zu lockeren Streuseln verarbeiten. Die Butter sollte noch nicht zu weich sein.

2. Drei Viertel des Teigs in die Springform auf den Boden und den Rand drücken. Den restlichen Teig zur Seite stellen.

3. Für die Füllung: Butter, Zucker und Eigelb schaumig rühren. Puddingpulver, Vanillezucker, Zitronensaft und Quark unterrühren.

4. Zuletzt den steif geschlagenen Eischnee unterheben und die Masse auf den Teigboden füllen.

5. Die übrigen Streusel über den Teig verteilen. Zur Weihnachtszeit die Streusel zu einem glatten Teig verkneten, ausrollen und mit einem gewünschten Weihnachtsmotiv ausstechen. Diese Motive können individuell auf der Teigmasse verteilt werden.

6. Bei 200°C mit Ober-/Unterhitze ca. 50 Min. backen. Die Teigmasse sollte noch schön hell sein. Gegebenenfalls früh genug mit Alufolie abdecken.

Glühwein-/ Punsch-Kuchen

- VON OPA NORBERT -

175 GRAD | 35 MIN. | 12 STÜCKE

250 g MEHL
200 g weiche BUTTER
200 g ZUCKER
1 EL VANILLEZUCKER
1 EL KAKAO
1 EL RUM
4 EIER
1/2 Pck. BACKPULVER
150 g SCHOKOLADENRASPELN
250 ml GLÜHWEIN oder PUNSCH

1. Butter, Zucker, Vanillezucker und Eier schaumig schlagen.
2. Glühwein oder Punsch in einem Topf durch Köcheln reduzieren.
3. Mehl mit Backpulver vermischen. Kakao und Rum hinzugeben. Anschließend mit der schaumigen Masse zu einer Teigmasse verrühren.
4. Kranz- oder Gugelhupfform einfetten, mit Semmelbröseln bemehlen und dann Teigmasse einfüllen.
5. Bei 175 °C mit Umluft ca. 40 bis 50 Min. backen.
6. Schokoraspeln (Blockschokolade funktioniert auch) im Wasserbad schmelzen.
7. Kuchen ca. 30 Min. auskühlen lassen, stürzen und mit der Schokoglasur überziehen.

Marzipan-Mohn-Stollen

- VON OPA NORBERT -

175 GRAD | 50 MIN. | 30 STÜCKE

500 g	MEHL
250 g	BUTTER
75 g	ZUCKER
75 g	BUTTERSCHMALZ
125 ml	MILCH
1 Pck.	TROCKENHEFE
1	BIO-ORANGE (Saft und Schale)
200 g	ORANGEAT
200 g	backfeste MOHNMASSE
200 g	MARZIPANROHMASSE
75 g	PUDERZUCKER
1/2 TL	SALZ

1. Das Mehl mit der Trockenhefe (nach Packungsanleitung auflösen) und dem Zucker mischen.

2. 175 g Butter und das Butterschmalz schmelzen lassen, lauwarme Milch, Orangenschale und Salz zur Mehlmischung geben, unterarbeiten und zu einem glatten und geschmeidigen Teig verkneten. Zugedeckt an einem warmen und zugfreien Ort 30 Min. gehen lassen.

3. Kandierte Orangen fein hacken, Teig ca. 2–3 cm dick ausrollen, die kandierten Orangen und die Mohnmasse darauf verteilen, Teigränder einschlagen und das Ganze oval ausrollen. Auf einer Seite längs eine Mulde formen.

4. Marzipanrohmasse und O-Saft verkneten, zu einer Rolle formen und in die Mulde legen. Teig überklappen, sodass die typische Stollenform entsteht. 15 Min. gehen lassen – wie oben.

5. Bei 175°C ca. 60 Min. backen.

6. Etwas abkühlen lassen, restliche Butter schmelzen, den warmen Stollen damit bestreichen und mit Puderzucker bestäuben.

Ho
Ho
Ho

„GEBACKENER KUCHEN IST LECKER.
ABER NOCH BESSER SCHMECKT DAS NASCHEN
BEIM BACKEN!

Oma Anna

Festliche
Weihnachtstorte

Klassische
Spitzbuben

Weihnachtliche
Zimtsterne

67 Jahre alt

Anna ist das kleinere Baby auf dem Arm ihrer Mutter. Sie und ihr Zwillingsbruder Zdenek kamen in Bylnice (Tschechien) zur Welt.

Oma Anna backt am liebsten Torten, gerne aufwändig und mit Verzierung.
Als gelernte Konditorin liegt das wohl einfach in ihrer Natur. Ihr Lieblingskuchen, den sie gerne vernascht, ist aber ein ganz klassischer Aprikosen-Streuselkuchen. Wenn sie nicht bei Kuchentratsch ist, radelt sie gerne oder geht kegeln. Aber am allerliebsten kümmert sie sich um ihre Enkelkinder.

Festliche Weihnachtstorte

- VON OMA ANNA -

200 GRAD | 2 STD. | 12 STÜCKE

Teig
7 EIER
210 g ZUCKER
200 g MEHL
50 g gemahlene MANDELN
1 Tl. Löffel BACKPULVER
5 Essl. WASSER

Füllung
400 ml MILCH
200 g ZUCKER
1 Pck. VANILLEZUCKER
1 1/2 Pck. VANILLEPUDDING
250 g BUTTER
250 g MASCARPONE

Glasur
200 g MARZIPAN
200 g BLOCKSCHOKOLADE
1 Glas APRIKOSENMARMELADE

1. Für den Teig: Eier mit dem Zucker schaumig schlagen. Backpulver in Wasser auflösen und unter die Masse geben. Kurz weiterschlagen. Mehl mit Mandeln unterheben.

2. Tortenform (28 cm) mit Backpapier auslegen und den Teig darauf verteilen. Bei 200°C mit Ober-/Unterhitze 20–25 Min. backen und auskühlen lassen.

3. Für die Mascarpone-Buttercremefüllung: Aus Milch, Zucker, Vanillezucker und Puddingpulver den Pudding nach Packungsanleitung kochen und kalt stellen. Kalten Pudding aufschlagen. Weiche Butter dazugeben, weiterschlagen und Mascarpone unterschlagen, bis die Masse schön glatt ist. Je nach Geschmack einen Tropfen Bittermandelaroma oder einen Schuss Rum dazugeben. Die Füllung zur Seite stellen.

4. Backpapier von der Torte lösen und die Torte in der Mitte durchschneiden. Die Hälfte erst mit Marmelade und anschließend mit einem Teil der Cremefüllung bestreichen. Den zweiten Teil der Torte auflegen und das Bestreichen wiederholen.

5. Marzipan kräftig mit den Händen kneten, damit es geschmeidig wird. Arbeitsfläche mit Puderzucker bestreuen. Marzipan mit einem Nudelholz ausrollen und die komplette Torte damit bedecken.

6 Die Blockschokolade im Wasserbad schmelzen lassen und die flüssige Schokolade anschließend auf der Torte und an den Rändern verteilen. Die Seiten mit gemahlenen Mandeln bedecken.

7. Für die Verzierung aus den Marzipanresten Sterne ausstechen und auf der Torte verteilen. Die restliche Cremefüllung kann man auch zum Verzieren verwenden. Einfach in einen Spritzbeutel geben und kleine Punkte auf der Torte verteilen.

Klassische Spitzbuben

- VON OMA ANNA -

200 GRAD | 40 MIN. | 50 PLÄTZCHEN

750 g MEHL
500 g BUTTER
250 g PUDERZUCKER
3 EIGELB
1 ZITRONENSCHALE
1 Glas JOHANNISBEER-GELEE

1. Alle Zutaten verkneten bis ein glatter Teig entsteht. Teig in Frischhaltefolie wickeln und im Kühlschrank ca. 1 Stunde kalt stellen.

2. Nacheinander kleine Teile des Teiges aus dem Kühlschrank nehmen und auf einer bemehlten Arbeitsfläche mit einem Nudelholz ausrollen.

3. Runde Taler ausstechen und auf ein mit Backpapier ausgelegtes Backblech legen. Bei der Hälfte der Taler in der Mitte ein Loch ausstechen.

4. Ca. 8 Min. bei 200°C und Ober-/Unterhitze backen. Die Taler sollten noch leicht weich und hell sein.

5. In der Zwischenzeit die Marmelade in einem Wasserbad erhitzen. Mit einem Esslöffel die Marmelade auf die Taler ohne Loch verteilen. Anschließend die Plätzchen mit Loch draufsetzen. Mit Puderzucker bestäuben.

Weihnachtliche Zimtsterne

- VON OMA ANNA -

120 GRAD | 30 MIN. | 40 PLÄTZCHEN

3 EIWEIß
190 g ZUCKER
300 g gemahlene MANDELN
1 1/2 TL ZIMT

1. Eier trennen und das Eiweiß aufschlagen. Währenddessen Zucker einsieben und weiter fest schlagen, bis das Eiweiß steif wird. Circa eine halbe Tasse Eiweißmasse davon zur Seite stellen.

2. Restliche Zutaten mit einem Teigschaber unter die Eiweißmasse heben und anschließend mit den Händen durchkneten, bis ein kompakter Teig entsteht.

3. Auf die Arbeitsfläche gemahlene Mandeln streuen und den Teig vorsichtig circa 1 cm dick ausrollen. Sterne ausstechen. Diese auf ein mit Backpapier belegtes Blech legen.

4. Schließlich die Sterne mit der restlichen Eiweißglasur fein bestreichen. Mit einer Messerspitze die Eiweißoberfläche glatt streichen und mit einem Schaschlickspieß die Sternspitzen ausfüllen.

5. Bei 120°C 20–25 Min. im Ofen mit Ober-/Unterhitze backen.

Oma Magdalene

Ingwer-plätzchen mit Schokolade

Verlockende Marillenringe

Saftige Ananas-Haselnuss-Makronen

Aromatischer Apfel-Ingwer-Kuchen

Oma Magdalene als Einjährige vor dem Haus ihrer Eltern in Mittelfranken.

Oma Magdalene liebt drei Dinge bei Kuchentratsch: Nette Leute, neue Herausforderungen und frische Ideen. Sie ist eine absolute Meisterköchin, geht gerne ins Theater oder macht feine Handarbeiten. Streuselkuchen ist ihr absoluter Lieblingskuchen.

Ingwerplätzchen mit Schokolade

- VON OMA MAGDALENE -

180 GRAD | 1 STD. | 40 PLÄTZCHEN

350 g MEHL
175 g BUTTER
80 g ZUCKER
1 EI
1 Prise SALZ
75 g kandierter INGWER
2 TL INGWERPULVER
2 TL frischer INGWER

1. Den kandierten Ingwer fein schneiden und den frischen Ingwer fein reiben.
2. Alle Zutaten in eine Schüssel geben und vermengen. Zum Schluss kräftig mit den Händen zu einem Teig verkneten. Den Teig in eine Frischhaltefolie geben und für ca. 2 Stunden im Kühlschrank kalt stellen.
3. Die Arbeitsfläche bemehlen und den Teig mit einem Nudelholz ausrollen.
4. Den ausgerollten Teig mit Ausstechern in Herzform ausstechen. Die Herzen auf ein Backblech mit Backpapier legen.
5. Bei 180°C mit Ober-/Unterhitze 12–15 Min. backen.
6. Nachdem die Plätzchen ausgekühlt sind, die weiße Kuvertüre im Wasserbad schmelzen und die Plätzchen halbseitig bestreichen oder eintunken. Je nach Geschmack kann das Plätzchen noch mit einem Stückchen kandiertem Ingwer verziert werden.

Verlockende Marillenringe

- VON OMA MAGDALENE -

180 GRAD | 1 1/4 STD. | 20 PLÄTZCHEN

400g MEHL
125g ZUCKER
250g BUTTER
1 EIGELB
½ ZITRONE Abrieb

DAZU PASST AM BESTEN EINE HELLE MARMELADE: MIRABELLEN- ODER APRIKOSENMARMELADE ZUM BEISPIEL

1. Alle Zutaten zu einem Knetteig vermengen, in Frischhaltefolie wickeln und für zwei Stunden in den Kühlschrank stellen.

2. Die Arbeitsfläche bemehlen und den Teig mit einem Nudelholz ausrollen. Runde Plätzchen mit einem Ausstecher ausstechen.

3. Die Plätzchen auf ein Blech legen und bei der Hälfte einen kleinen Stern oder Herz ausstechen.

4. Bei 180°C mit Ober-/Unterhitze für 12 Min. backen. Die Plätzchen sollten noch schön hell und weich sein.

5. Nach dem Backen die Plätzchen mit der Öffnung auf ein Gitter legen und mit Puderzucker bestreuen.

6. Auf die unteren Plätzchen (ohne Loch) leicht angewärmte Marmelade streichen – ca. 1 Teelöffel. Plätzchendeckel mit Puderzucker auf die mit Marmelade bestrichenen Unterseiten legen.

Saftige Ananas-Haselnuss-Makronen

- VON OMA MAGDALENE -

160 GRAD | 1 STD. | 25 PLÄTZCHEN

3 EIWEISS
100 g ZUCKER
75 g kandierte ANANAS
2 Scheiben (Dose) ANANAS
1 EL ANANASSAFT
375 g gem. HASELNÜSSE
1 Prise SALZ

1. Das Eiweiß mit einer Prise Salz steif schlagen.
2. Die kandierte Ananas und die Dosenananas in kleine Stückchen schneiden.
3. Puderzucker und Ananassaft zu einem dickflüssigen Guss verrühren und zur Seite stellen.
4. Eiweißmasse, Ananasstückchen, Zucker und Haselnüsse in einer Schüssel vermischen.
5. Die luftige Masse in einen Spritzbeutel geben und kleine Häufchen auf ein mit Backpapier ausgelegtes Blech spritzen.
6. Bei 160°C mit Ober-/Unterhitze ca. 20 Min. backen.
7. Sobald die Makronen ausgekühlt sind, mit dem dickflüssigen Puderzuckerguss besprenkeln. Je nach eigener Vorliebe mit einem Stückchen kandierter Ananas verzieren.

Aromatischer Apfel-Ingwer-Kuchen

- VON OMA MAGDALENE -

180 GRAD | 1 STD. | 12 STÜCKE

200 g weiche BUTTER
200 g ZUCKER
4 EIER
1 EL VANILLEZUCKER
300 g MEHL
1 TL BACKPULVER
1 ZITRONE Abrieb
1 Pr. SALZ
6 cm frischer INGWER
125 g kandierter INGWER
750 g säuerliche ÄPFEL

1. Butter, Zucker, Eier und Vanillezucker zu einer schaumigen Masse verrühren.

2. Den Ingwer und die Äpfel fein reiben.

3. Die restlichen Zutaten der schaumigen Masse zugeben und verrühren. Ingwer und Äpfel am Ende unterheben.

4. Die Teigmasse in eine eingefettete und bemehlte Gugelhupf- oder Napfform geben.

5. Bei 180°C Ober-/Unterhitze ca. 50 Min. backen.

6. Puderzucker mit einem Spritzer Zitronensaft zu einem dickflüssigen Guss vermischen. Diesen Zitronenguss dann über den ausgekühlten Kuchen streichen.

Oma Inge

Traditionelle Vanillekipferl

Wähekuchen mit Pflaumen und Äpfeln

Kirsch-Mandel-Makronen

64 Jahre alt

Ganz links ist Oma Inge als fünfjähriges Geburtstags-
kind – sie wurde nämlich am 24. Dezember geboren.

Oma Inge kommt gerne zu Kuchentratsch, weil sie hier neue Menschen kennenlernt, Spaß am Backen hat und den einen oder anderen neuen Trick lernt.
Für sie ist Kuchentratsch eine Abwechslung, auf die sie sich immer wieder freut. Inge geht gerne zum Tanzen, kümmert sich um ihre Enkel, radelt und schwimmt gerne.

Traditionelle Vanillekipferl

– VON OMA INGE –

180 GRAD | 60 MIN. | 1 1/2 BLECHE

200 g MEHL
50 g ZUCKER
80 g geriebene geschälte MANDELN
150 g BUTTER
1 Pck. VANILLEZUCKER o. -MARK

1. Alle Zutaten zu einem Mürbteig verkneten. In Frischhaltefolie wickeln und 30 Min. in den Kühlschrank stellen.
2. Ca. 9 bis 10 g Teig zuerst zu einer Kugel, dann zu einem Hörnchen formen. Die Enden nicht zu spitz formen, da sie sonst zu braun werden.
3. Bei 180°C mit Ober-/Unterhitze ca. 13–15 Min. backen. Sie sollten noch schön hell sein.
4. Mindestens 2–3 Min. auskühlen lassen und dann Oberseite in Vanillezucker tunken.

Wähekuchen mit Pflaumen und Äpfeln

- VON OMA INGE -

200 GRAD | 1 1/4 STD. | 12 STÜCKE

200 g MEHL
1 Pr. SALZ
200 g BUTTER
200 g MAGERQUARK
30 g ZUCKER

30 g geriebene HASELNÜSSE
30 g ZUCKER

250 g BACKPFLAUMEN
1/8 l WASSER
5 Essl. RUM
30 g ZUCKER

500 g ÄPFEL
25 g ZUCKER

2 EIER
1/8 l SAHNE
30 g ZUCKER
1 TL ZIMT
30 g gehobelte NÜSSE

1. Mehl, Prise Salz, Butter, Magerquark und Zucker zu einem Teig verkneten.
2. Backpflaumen, Wasser, Rum und Zucker für 15 Min. in einem Topf garen.
3. Den Teig mit einem Nudelholz auf einer eingemehlten Arbeitsfläche ausrollen. Eine Kuchenform (Boden und den halben Rand) damit auskleiden.
4. 30 g Zucker und geriebene Haselnüsse vermischen und auf den Teigboden streuen.
5. Äpfel schälen, in Spalten schneiden und zusammen mit den gegarten Backpflaumen auf dem Boden verteilen. Die Früchte mit etwas flüssiger Butter bepinseln und mit Zucker bestreuen.
6. Bei 200°C Umluft ca. 10 Min. vorbacken.
7. Inzwischen Eier, Sahne, Zucker, Zimt kräftig aufschlagen.
8. Die aufgeschlagene Masse auf den vorgebackenen Kuchen gießen und zum Schluss gehobelte Nüsse darauf verteilen.
9. Noch 20–30 Min. weiterbacken und sofort aus der Form nehmen, damit der Boden knusprig bleibt.

Kirsch-Mandel-Makronen

- VON OMA INGE -

175 GRAD | 45 MIN | 40 PLÄTZCHEN

30g BUTTER
125g ZUCKER
1/8 l SAHNE
200g gem. MANDELN
100g BELEGKIRSCHEN
2 Essl. MEHL
SCHOKOLADE

1. Butter, Zucker und Sahne aufkochen, dann von der Kochstelle nehmen.

2. Die Kirschen in Mehl wenden und klein schneiden (durch das Mehl kleben sie nicht so). Restliche Zutaten, Mehl und Mandeln untermengen.

3. Mit 2 Teelöffeln Häufchen aufs Blech setzen. Nicht zu eng aneinanderlegen.

4. Bei 175°C mit Ober-/Unterhitze ca. 12 bis 15 Min. backen. Nicht zu dunkel werden lassen.

5. Schokolade im Wasserbad zum Schmelzen bringen.

6. Wenn die Makronen ausgekühlt sind, mit flüssiger Schokolade und einem Teelöffel Fäden auf die Makronen ziehen.

Oma Josefine

Zartknusprige Kokosrauten

Fruchtige Orangenschnitten

Gewürzherzen mit Schokolade

70 Jahre alt

Oma Josefine zwischen ihrem Bruder und ihrer Cousine bei ihrem Onkel in München.

Oma Josefine findet Kuchentratsch toll, weil sie dort unter Gleichgesinnten ist, eine Aufgabe hat und Wertschätzung erfährt. Sie sagt immer: Ein Leben ohne Kuchentratsch wäre möglich, aber sinnlos.
Ihr Lieblingskuchen ist der Apfelkuchen von ihrer Tante Anni, weil er etwas ganz Besonderes ist.

Zartknusprige Kokosrauten

- VON OMA JOSEFINE -

160 GRAD | CA. 1 STD. | 2 BLECHE

100 g BUTTER
80 g ZUCKER
2 EIGELB
125 g KOKOSFLOCKEN
125 g MEHL
½ Päckchen BACKPULVER
1 Tropfen BITTERMANDELAROMA
flüssige SAHNE

1. Alle Zutaten zu einem Teig verkneten. Zum Schluss mit nassen Händen, dann bekommt er die richtige Geschmeidigkeit.
2. Den Teig auf einer bemehlten Fläche ca. 5 Millimeter dick ausrollen und mit dem Teigrädchen in Rauten schneiden. Vorsicht bei der Mehlzugabe!
3. Die gesamte Fläche mit flüssiger Sahne bestreichen und die Rauten auf ein mit Backpapier ausgelegtes Blech setzen.
4. Bei 160°C Ober-/Unterhitze ca. 10 Minuten backen, bis die Rauten leicht Farbe annehmen.

Der Teig lässt sich gleichmäßig dick und mit glatten Rändern ausrollen, wenn man dies zwischen zwei Leisten macht.
Ich habe mir dazu Holzleisten mit 5 Millimetern Dicke im Baumarkt besorgt.

Fruchtige Orangenschnitten

- VON OMA JOSEFINE -

200 GRAD | 1 1/2 STD. | 50 PLÄTZCHEN

200 g MEHL
75 g ZUCKER
125 g BUTTER
2 EIER

125 g gemahlene MANDELN
180 g ZUCKER
50 g fein gewiegtes ORANGEAT
Abrieb von 1½ ORANGEN
1 ORANGE (Saft)

50 g APRIKOSENMARMELADE
50 g PUDERZUCKER
1 Esslöffel ORANGENSAFT

1. Alle Zutaten für den Teig verkneten und zwischen zwei Plastikfolien/ggf. fester Frischhaltefolie mit einem Nudelholz ausrollen.

2. Die Hälfte der Teigplatte mit der Füllung bestreichen und die andere Hälfte darüberklappen. Beim Klappen hilft das Nudelholz.

3. Bei 200°C mit Ober-/Unterhitze 12–15 Min. backen. Der Teig sollte leicht goldbraun sein.

4. Nach dem Abkühlen mit der erwärmten Marmelade abglänzen. Glasur aus Puderzucker und Orangensaft herstellen und die Oberfläche damit bestreichen.
Die gehackten Mandeln daraufstreuen. In Quadrate von ca. 3 cm schneiden. Trocknen lassen und mit Back- oder Butterbrotpapier zwischen den Lagen in einer Blechdose aufbewahren.

Wenn man den Teig auf Backpapier ausrollt, lässt sich die zweite Hälfte der Teigplatte ganz leicht auf die Füllung klappen.

Gewürzherzen mit Schokolade

- VON OMA JOSEFINE -

150 GRAD | 1 1/2 STD. | 2 BLECHE

2 EIWEISS
1 Prise SALZ
200 g ZUCKER
100 g gemahlene HASELNÜSSE
100 g gemahlene WALNÜSSE
100 g gemahlene MANDELN
1 Teelöffel ZIMT
jeweils
1 Messerspitze ANIS, NELKEN,
MUSKAT
SCHOKOLADENKUVERTÜRE

1. Eiweiß mit dem Salz steif schlagen, den Zucker einrieseln lassen und weiterschlagen bis die Eiweißmasse steif ist. Anschließend die Nüsse und die Gewürze dazugeben und mit den Händen kräftig kneten.

2. Den Teig in eine Frischhaltefolie wickeln und 20 Min. im Kühlschrank kalt stellen.

3. Den kühlen Teig ausrollen und mit einem Ausstecher Herzen ausstechen. Die Herzen auf ein Blech mit Backpapier setzen.

4. Bei 150°C mit Ober-/Unterhitze ca. 12–15 Min. backen.

5. Schokoladenkuvertüre in einem Gefrierbeutel im Wasserbad schmelzen. Wenn die Schokolade flüssig ist, die Spitze des Beutels abschneiden und die Herzen mit feinen Linien überziehen.

6. In einer Blechdose aufbewahrt, sind die Herzen nach einer Woche schön weich.

Oma Margit

Luftige Kokos-makronen

Spitzbuben aus Linzerteig

Schnelle Orangenstangen

67 Jahre alt

Die dreijährige Margit
Weihnachten 1954.

Oma Margit kommt sehr gerne in die Backstube und genießt das gesellige Zusammenkommen bei Kuchentratsch. Sie liebt es Kuchen zu backen, am liebsten den Aprikosen-Blitzkuchen nach ihrem eigenen Rezept.
Und wenn sie mal keinen Kuchen backt, dann singt sie leidenschaftlich gerne oder spielt Gitarre und Klavier.

Luftige Kokosmakronen

- VON OMA MARGIT -

180 GRAD | 20 MIN. | 2 BLECHE

4 EIWEISS
1 Prise SALZ
150 g PUDERZUCKER
10 g VANILLEZUCKER
60 g QUARK
200 g KOKOSRASPELN

1. Eiweiß mit einer Prise Salz und dem Vanillezucker steif schlagen, anschließend vorsichtig die Hälfte des gesiebten Puderzuckers in den Eischnee unterheben.

2. Kokosraspeln, restlichen gesiebten Puderzucker und Quark hinzufügen und vorsichtig unterheben. Je nach Geschmack ein wenig Zitronenschale hinzugeben.

3. Mit zwei Teelöffeln kleine Häufchen machen. Diese auf das mit Backpapier ausgelegte Blech setzen. Je nach Wunsch kann auf die Mitte noch eine Rosine gelegt werden.

4. Bei 180°C ca. 13–15 Min. bei Ober-/Unterhitze backen.

Oh
du
Fröhliche

Spitzbuben aus Linzerteig

- VON OMA MARGIT -

180 GRAD | 40 MIN. | 2 BLECHE

280 g DINKELMEHL
140 g ZUCKER od. PUDERZUCKER
240 g BUTTER
150 g gem. MANDELN
1 Msp. ZIMT

DAZU EINE MARMELADE NACH WAHL: LECKER SCHMECKT ZUM BEISPIEL JOHANNISBEERGELEE ODER HIMBEERMARMELADE

1. Mehl in eine Schüssel sieben, Zucker oder Puderzucker, Butter, gemahlene Mandeln und Zimt zugeben. Alles erst mit den Knethaken des Handrührers, dann mit den Händen zu einem glatten Teig verkneten. In Frischhaltefolie wickeln und für ca. 15 Min. im Kühlschrank kalt stellen.

2. Teig aus der Folie nehmen, durchkneten, halbieren, auf einer bemehlten Arbeitsfläche dünn ausrollen. Plätzchen mit einem runden Ausstechförmchen (Durchmesser ca. 5 cm) ausstechen und auf mit Backpapier belegte Bleche legen.

3. Die Hälfte der ausgestochenen runden Plätzchen in der Mitte ausstechen. Geht auch gut mit einem Apfelausstecher.

4. Bei 180°C 10–12 Min. bei Ober-/Unterhitze backen. Das Plätzchen sollte noch leicht weich sein, wenn es aus dem Ofen geholt wird.

5. Marmelade im Wasserbad erwärmen. Mit einem Löffel großzügig auf dem unteren Plätzchen verteilen. Plätzchen mit dem Loch mit Puderzucker bestreuen und draufsetzen.

Schnelle Orangenstangen

- VON OMA MARGIT -

220 GRAD | 50 MIN. | 2 BLECHE

175 g BUTTER
75 g ZUCKER
1 BIO-ORANGE
davon abgeriebene SCHALE
3 Essl. ORANGENSAFT
1 EIGELB
200 g MEHL
75 g STÄRKEMEHL
1 TL BACKPULVER

GUSS:

200 g PUDERZUCKER
4 Essl. ORANGENSAFT

1. Orangenschale fein abreiben. Orange halbieren und entsaften. Saft beiseite stellen.

2. Butter mit Zucker, abgeriebener Orangenschale, drei Esslöffeln Orangensaft und Eigelb schaumig schlagen.

3. Mehl, Stärkemehl und Backpulver vermischen und unter die schaumige Masse rühren.

4. Die Teigmasse in einen Spritzbeutel füllen und ca. 4 cm lange Stangen auf das mit Backpapier ausgelegte Backblech spritzen.

5. Backzeit ca. 10 Min. bei 220°C mit Ober-/Unterhitze. Die Stangen sollten noch schön hell sein.

6. Für den Guss den Puderzucker mit 4 Esslöffeln Orangensaft verrühren und die Stangen nach dem Backen bestreichen.

Wie dieses Buch entstanden ist

Viele nette Menschen, Leckeres zum Naschen und jede Menge Spaß stecken in diesem Buch

Erstmal wurden alle Seiten geplant

Und Action!

Nicht nur die Rezepte
wurden vor dem
Fotografieren gestylt

Theresa fotografiert
die Hintergründe

Movie mag auch
Plätzchen von Oma

Keine Lust, selber zu backen?

Minikuchen

Über Omas Minikuchen (16 cm Durchmesser) freuen sich gute Freunde, Kunden und Geburtstagskinder. Sie sind mit Zuckerplatten individualisierbar und können deutschlandweit versendet werden.

Individuelle Verpackungen

Wir bieten kleine und große Geschenkideen für Freunde, Mitarbeiter und Kunden an, die wir liebevoll nach euren Bedürfnissen gestalten und verpacken können. Gerne erstellen wir euch ein individuelles Angebot!

www.kuchentratsch.com

Plätzchen

Unsere Omas backen bunte Plätzchenmischungen aus Kokosmakronen, Vanillekipferl, Spitzbuben und Zimtplätzchen zur Weihnachtszeit für euch. Eine individuelle Geschenkidee für Groß & Klein.

Hochzeit

Love is in the air. Und weil bei Kuchentratsch mit so viel Liebe gebacken wird, bieten wir natürlich auch Kuchen für eure Hochzeitsfeier an. Unsere Bräute freuen sich besonders über den Naked Cake von Oma Anna mit ganz viel frischen Beeren.

Caterings

Unsere Omakuchen und auch Kleingebäck könnt ihr natürlich für eure Firmenfeiern und Events bei uns bestellen.
Ein ganz besonderes Catering, mit Liebe dekoriert. Wir haben viel Erfahrung in diesem Bereich und freuen uns auf eure Anfrage.

Unterwegs mit den Omas

Busausflug und Bootsfahrt mit dem Kuchentratschteam auf die Fraueninsel am Chiemsee

Ein Tag auf der Wiesn beim Augustiner mit einigen Maß Bier und einer Runde Autoscooter

Teamtage auf dem Mesnerhof am Achensee für Strategie, Kennenlernen und viel Zeit miteinander

Register

A Aromatischer Apfel-Ingwer-Kuchen 90

B Klassisches Berliner Brot 44

E Eierlikörgugelhupf mit Lebkuchen 30

F Früchtebrot mit getrockneten Früchten 40

G Gewürzherzen mit Schokolade 110
Glühwein-/Punsch-Kuchen 64

H Adventlicher Honigkuchen 56

I Ingwerplätzchen mit Schokolade 84

K Zartknusprige Kokosrauten 106
Kirsch-Mandel-Markonen 100
Luftige Kokosmakronen 116

L Leckere Lebkuchen 32

M Marzipan-Mohn-Stollen 66
Verlockende Marillenringe 86
Saftige Ananas-Haselnuss-Makronen 88

O Fruchtige Orangenschnitten 108
Schnelle Orangenstangen 120

Q Saftiger Quarkstollen 28

S Warmer Schelmenwein 46
Klassische Spitzbuben 76
Spitzbuben aus Linzerteig 118

V Traditionelle Vanillekipferl 96

W Süffige Weihnachtsbowle 42
Weihnachtsstern mit Datteln 52
Festliche Weihnachtstorte 74
Englischer Weihnachts"pudding" 54

Z Weihnachtlicher Zupfkuchen 62
Weihnachtliche Zimtsterne 78

Danke

Liebe Leserin, lieber Leser,

wir freuen uns sehr, wenn du auf dieser letzten Seite angekommen bist. Du hast entweder jedes Rezept durchgebacken, einfach nur geschmökert oder aber das Buch schnell durchgeblättert. Anscheinend hat unser Cover überzeugt. ;)
Wir hoffen, dir ein paar Inspirationen mit auf den Weg gegeben zu haben, sodass du den einen oder anderen Glücksmoment hattest.
Damit dieses Buch entstehen konnte, haben ziemlich viele Menschen zusammengearbeitet. Vielen Dank an unsere Kuchentratsch-Omas – Inge, Renate, Regina, Anna, Margit, Irmgard, Josefine, Magdalene – und Opa Norbert. Danke, Theresa, für die schönen Bilder und das Layout. Mit deiner Buchorganisation und deinem tollen Equipment warst du eine große Bereicherung, lieber Moritz. Unsere Mood-Bilder aus der Backstube wären sonst bestimmt nicht so toll geworden. Danke, Julian, dass wir dein Haus dafür nutzen konnten. Großer Dank auch an Pukka Tees für unsere tolle Teeausstattung. Familie und Freunde dürfen auch nicht zu kurz kommen. Danke für's kritische Feedback oder Lob zu der ein oder anderen Buchseite.

Wir wünschen euch alles Gute und freuen uns, wenn ihr mal bei uns – lokal oder online – vorbeischaut.

Mit den herzlichsten Grüßen aus der Backstube,

Katharina

Impressum

Redaktion: Katharina Mayer
Fotos: Theresa Offenbeck und Moritz Röder
Zeichnungen: Theresa Offenbeck
Lektorat: Peter Woeckel
Gestaltung und Satz: Moritz Röder und Theresa Offenbeck
Druck: Appl, Wemding

Zweite Auflage, August 2018.

ISBN: 978-3-9819120-0-5

Moritz Röder Books
Ständlerstraße 35
81549 München

www.mr-books.de

Kuchentratsch
Landsberger Str. 59
803339 München
www.kuchentratsch.com

Mehr von Kuchentratsch

LIES UNSER BACKBUCH:
KUCHENTRATSCH - OMAS VERRATEN IHRE GEHEIMREZEPTE
Unsere Omas haben nicht nur für die Weihnachtszeit die besten Backideen, sondern verraten in unserem ersten Backbuch ihre Lieblingsrezepte rund um's Jahr.
978 -3-7724-8004-1

BESUCHE UNS
Schau' in unserer Backstube in München vorbei oder bestelle dir deinen Lieblingskuchen von unseren Omas nach Hause.
Alle Infos findest du unter
www.kuchentratsch.com

HÖRE UNSEREN PODCAST
In unserem Podcast „Kuchengeflüster" verraten die Kuchentratsch-Omas ihre besten Kuchen- und Lebensrezepte. Während eine Oma ein Rezept backt, sprechen wir über ihre Lebensgeschichte - sowohl über die schönen, als auch über die schweren Zeiten.